Für alle, die sich trotzdem noch trauen mit mir zusammen
in die Halle oder ins Gelände zu gehen...

Upps – da saß noch was drauf ??

Ich find sie so putzig, wenn sie sich
für uns zum Affen machen...

Übst du Fährtenlesen?

...und kaum hatte ich ein Nachwuchspferd war der „platte Rentner" wieder topfit!

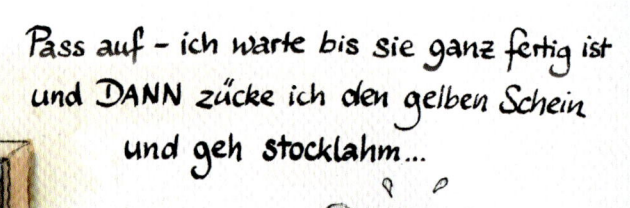

Pass auf – ich warte bis sie ganz fertig ist
und DANN zücke ich den gelben Schein
und geh stocklahm...

Jetzt beschwer dich nicht –
DU wolltest doch schließlich
unbedingt mal einen
Abzeichen-Kurs mitmachen...

Jetzt stell dich doch nicht so an ...

Ich bin mir sicher – GENAU SO wurde das Skijöring erfunden ...

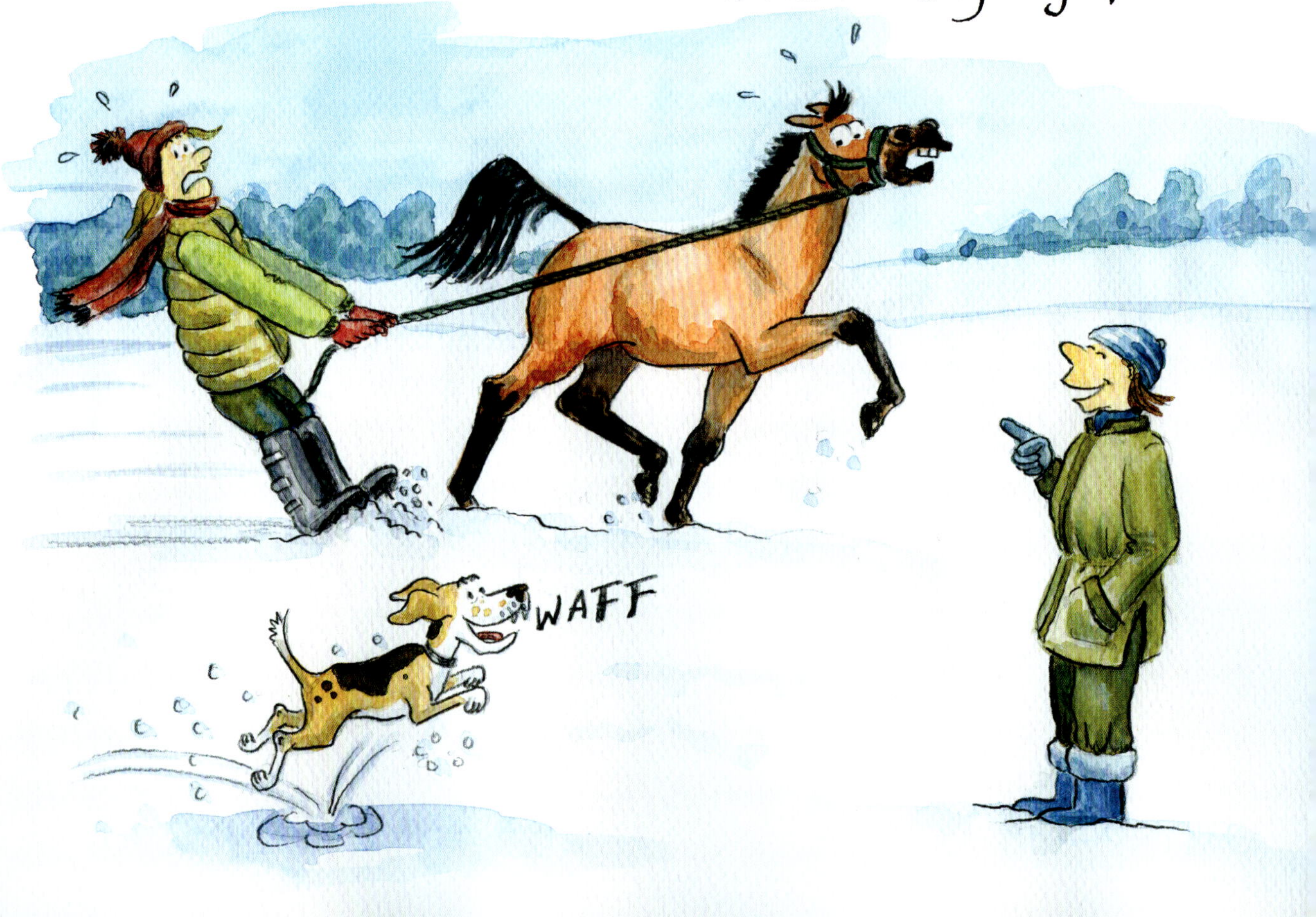

NIE WIEDER nehmen wir den Haflinger
als Nikolaus-Pferd für die Vereinsfeier !!!